The Hidden Secrets of Nyhavn and Other Stories: Bilingual Danish-English Short Stories

Coledown Bilingual Books

Published by Coledown Bilingual Books, 2023.

While every precaution has been taken in the preparation of this book, the publisher assumes no responsibility for errors or omissions, or for damages resulting from the use of the information contained herein.

THE HIDDEN SECRETS OF NYHAVN AND OTHER STORIES: BILINGUAL DANISH-ENGLISH SHORT STORIES

First edition. October 16, 2023.

ISBN: 979-8223983965

Written by Coledown Bilingual Books.

Table of Contents

Solen Over Strandvejen

Det var en varm sommerdag i den lille kystby Vedbæk, hvor livet gik sin sædvanlige gang langs Strandvejen. Solen kastede sit gyldne skær over de farverige huse og gav byen en glødende skønhed. I dette idylliske hjørne af Danmark, hvor havet mødte landet, fandt vi vores hovedperson, fru Kirsten Jensen.

Fru Kirsten Jensen var en enke, der boede i en malerisk villa ved Strandvejen. Hun var en kvinde af en vis alder, med et hjerte så stort som hendes smil, og hendes hjerte længtes efter eventyr og spænding, selvom hendes dage var stille og rolig. Hun var en fast troende i, at "Solen altid skinner over Strandvejen," som hendes afdøde mand plejede at sige.

Den dag begyndte som enhver anden, med Kirsten, der plejede sin have og snakkede med naboerne. Men det, hun ikke vidste, var, at denne sommerdag ville bringe noget ganske usædvanligt. En mystisk besked ankom til hende med posten, som hun aldrig ville glemme. Et uidentificeret brev, stemplet med en eksotisk postmark og dækket af farverige stempler, fandt sin vej til hendes postkasse.

Med en vis tøven åbnede Kirsten brevet og begyndte at læse. Det var en invitation til en international kunstudstilling i Venedig, Italien. Hendes navn var blevet udvalgt blandt mange til at repræsentere Danmark som en æresgæst. Kirsten, der aldrig havde forladt Vedbæk i mange år, blev overvældet af tanken om at tage på en sådan rejse. Hun tøvede et øjeblik, men hendes nysgerrighed og trangen til eventyr overvandt frygten.

Kirsten begyndte at forberede sig på rejsen og indhentede rådgivning fra venner og naboer. Hun købte en ny kjole, lærte et par italienske fraser og drømte om det kommende eventyr. Hele Vedbæk var fyldt med forventning over hendes udsendelse, og de troede, at hendes historie var en, der kunne inspirere alle i den lille by.

Endelig kom dagen for hendes afrejse til Venedig. Kirsten stod ved havnen i Vedbæk, omgivet af venner og naboer, der ønskede hende farvel. Hun kiggede ud over havet og følte solens varme stråler, der kærtegnede hendes kinder. Hun vidste, at "Solen altid skinner over Strandvejen," selv når hun var tusinder af kilometer væk.

I Venedig blev Kirsten mødt af en verden af farver og kunst, der tog hendes ånde væk. Hun udforskede udstillingerne, mødte kunstnere fra hele verden og lærte om forskellige kulturer. Hun var ikke længere den rolige enke fra Vedbæk; hun var en æresgæst, der repræsenterede sit land og sin lille by på verdensscenen.

Kirsten Jensen's rejse til Venedig var ikke kun en fysisk rejse, men også en rejse i hendes sind og hjerte. Hun lærte, at selv i en stille by som Vedbæk kunne man finde mod til at udforske verden og opdage nye horisonter. Hun vendte tilbage til Danmark med en skat af erindringer, venner fra fjerne steder og en tro på, at eventyr altid ventede rundt om hjørnet.

Solen skinnede stadig over Strandvejen, men nu skinnede den også i hendes hjerte. Kirsten Jensen's eventyr havde lært hende, at

livet er fyldt med overraskelser og muligheder, og at det er aldrig
for sent at følge sine drømme.

The Sun Over Strandvejen

It was a warm summer day in the small coastal town of Vedbæk, where life went about its usual course along Strandvejen. The sun cast its golden hue over the colorful houses, giving the town a radiant beauty. In this idyllic corner of Denmark, where the sea met the land, we found our main character, Mrs. Kirsten Jensen.

Mrs. Kirsten Jensen was a widow living in a picturesque villa along Strandvejen. She was a woman of a certain age, with a heart as large as her smile, and her heart longed for adventure and excitement, even though her days were quiet and peaceful. She firmly believed that "The sun always shines over Strandvejen," as her late husband used to say.

The day began like any other, with Kirsten tending to her garden and chatting with the neighbors. However, what she didn't know was that this summer day would bring something quite extraordinary. A mysterious message arrived for her in the mail that she would never forget. An unidentified letter, stamped with an exotic postmark and covered in colorful stamps, found its way to her mailbox.

With some hesitation, Kirsten opened the letter and began to read. It was an invitation to an international art exhibition in Venice, Italy. Her name had been chosen from many to represent Denmark as a guest of honor. Kirsten, who hadn't left Vedbæk in many years, was overwhelmed by the thought of embarking on such a journey. She hesitated for a moment, but her curiosity and the longing for adventure overcame her fear.

Kirsten started preparing for the trip and sought advice from friends and neighbors. She bought a new dress, learned a few Italian phrases, and dreamed of the impending adventure. The whole of Vedbæk was filled with anticipation for her journey, and they believed her story was one that could inspire everyone in the small town.

Finally, the day of her departure to Venice arrived. Kirsten stood at the Vedbæk harbor, surrounded by friends and neighbors bidding her farewell. She gazed out over the sea, feeling the warmth of the sun's rays caressing her cheeks. She knew that "The sun always shines over Strandvejen," even when she was thousands of kilometers away.

In Venice, Kirsten was greeted by a world of colors and art that took her breath away. She explored the exhibitions, met artists from around the world, and learned about different cultures. She was no longer the quiet widow from Vedbæk; she was an honored guest representing her country and her small town on the world stage.

Kirsten Jensen's journey to Venice was not just a physical journey but also a journey of her mind and heart. She learned that even in a quiet town like Vedbæk, one could find the courage to explore the world and discover new horizons. She returned to Denmark with a treasure trove of memories, friends from distant places, and a belief that adventures always awaited just around the corner.

The sun still shone over Strandvejen, but now it also shone in her heart. Kirsten Jensen's adventure had taught her that life is full of surprises and opportunities and that it is never too late to chase your dreams.

Det lille bibliotek ved vandkanten

———

I den søvnige kystby Sønderborg, hvor tiden flyder langsommere end bølgerne i Flensborg Fjord, ligger et lille bibliotek ved vandkanten. Biblioteket var som hjertet i byen, et sted, hvor bøger var venner, og tiden var altid rigelig.

I biblioteket mødte vi en yderst bemærkelsesværdig bibliotekar ved navn Frøken Agnes Pedersen. Hun havde briller med en perlekæde og en evig entusiasme for bøger. Agnes var ikke som andre bibliotekarer. Hun var en sand historiefortæller og elskede at formidle bøgernes magi til byens folk.

Hver dag, lige efter morgenåbningen, begyndte Agnes dagen med at gå langs vandkanten. Hun holdt øje med stille vandrefugle og lyttede til fjordens hvisken. Agnes vidste, at inspiration ofte kom fra naturen, og hun samlede de bedste historier fra fjordens bølger.

En dag, da Agnes var på sin daglige vandring, opdagede hun noget usædvanligt i det fjerne. En gammel, forladt båd drev mod kysten. Agnes var den første til at nå frem til båden, og da hun klatrede ombord, fandt hun noget, der ville ændre hendes liv.

I båden lå en stabel af gamle dagbøger. De var fyldt med håndskrevne fortællinger og mystiske indlæg. Agnes begyndte at læse en af dagbøgerne og blev straks fanget af historien om en ung sømand ved navn Emil, der i begyndelsen af det 20.

århundrede havde sejlet over verdens have på jagt efter eventyr og skatte.

Emils ord fangede Agnes' fantasi, og hun indså, at hun havde fundet guld i de gamle dagbøger. Hun besluttede at dele disse skatte med byens folk. Agnes begyndte at læse højt fra Emils dagbøger ved solnedgang hver aften ved bibliotekets vandkant. Snart samledes folk fra hele Sønderborg for at lytte til hendes fortællinger og se solen synke ned i fjorden.

Byens beboere blev inspireret af Emils eventyr og begyndte at drømme om egne rejser og eventyr. Biblioteket ved vandkanten blev fyldt med folk, der søgte bøger om fjerne destinationer og skattejagter. Det lille bibliotek blev hjertet af en ny bevægelse i Sønderborg, og det gav liv til drømme og eventyrlyst.

Agnes begyndte også at skrive sin egen bog baseret på Emils dagbøger, og hendes værker blev snart kendt i hele Danmark. Hun blev en fejret forfatter og rejste landet rundt for at inspirere folk med sine historier.

Mens byen forandrede sig, forblev biblioteket ved vandkanten urokkeligt som et sted for viden og inspiration. Agnes' engagement og kærlighed til bøger og historier fortsatte med at lyse som fyrtårnet ved Sønderborgs kyst. Hun vidste, at der altid ville være flere skatte at opdage, og flere eventyr at dele med verden.

The Little Library by the Waterside

In the sleepy coastal town of Sønderborg, where time flowed slower than the waves in Flensburg Fjord, lies a little library by the waterside. The library was like the heart of the town, a place where books were friends, and time was always abundant.

In the library, we met a remarkably noteworthy librarian named Miss Agnes Pedersen. She wore glasses with a pearl chain and had a perpetual enthusiasm for books. Agnes was not like other librarians. She was a true storyteller and loved to convey the magic of books to the town's people.

Every day, just after the morning opening, Agnes would start her day with a walk along the waterside. She observed tranquil waterfowl and listened to the fjord's whispers. Agnes knew that inspiration often came from nature, and she collected the best stories from the fjord's waves.

One day, while Agnes was on her daily stroll, she discovered something unusual in the distance. An old, abandoned boat was drifting toward the shore. Agnes was the first to reach the boat, and when she climbed aboard, she found something that would change her life.

In the boat lay a stack of old diaries. They were filled with handwritten tales and mysterious entries. Agnes began reading one of the diaries and was immediately captivated by the story of a young sailor named Emil, who in the early 20th century had sailed the world's seas in search of adventure and treasures.

Emil's words captured Agnes' imagination, and she realized she had found a treasure in those old diaries. She decided to share these treasures with the town's people. Agnes began reading aloud from Emil's diaries at sunset every evening by the library's waterside. Soon, people from all over Sønderborg gathered to listen to her stories and watch the sun sink into the fjord.

The town's residents were inspired by Emil's adventures and began to dream of their own journeys and adventures. The library by the waterside was filled with people seeking books about distant destinations and treasure hunts. The little library became the heart of a new movement in Sønderborg, breathing life into dreams and wanderlust.

Agnes also began writing her own book based on Emil's diaries, and her works soon became known throughout Denmark. She became a celebrated author and traveled the country to inspire people with her stories.

While the town transformed, the library by the waterside remained steadfast as a place of knowledge and inspiration. Agnes' dedication and love for books and stories continued to shine like a lighthouse on Sønderborg's coast. She knew there would always be more treasures to discover and more adventures to share with the world.

Lyset på Københavns Kaj

I hjertet af København, hvor cyklerne suser langs kanalerne og fortidens charme møder nutidens energi, findes en hidtil ukendt skat, der skaber lys i skyggen af byens travlhed. Københavns Kaj, kendt for sine ikoniske bygninger og pulserende liv, skjuler en unik historie, der begyndte for mange år siden.

I en af de gamle bygninger på kajen boede en stille og beskeden kvinde ved navn Fru Anna Møller. Hun havde tilbragt hele sit liv i byen og elskede at gå langs kanalerne, hvor hun ofte bemærkede de små detaljer, som de fleste forbipasserende overså. Anna havde en hemmelig passion - hun samlede gamle lamper og lysekroner. Hendes lejlighed var fyldt med lamper af alle former og størrelser, og hun elskede at reparere og vedligeholde dem.

En dag, mens Anna slentrede langs kajen, opdagede hun en antik lampebutik, der var ved at lukke. Butiksejeren, en ældre mand ved navn Herr Jensen, var træt af forretningen og besluttede at lukke butikken for altid. Anna gik ind i butikken og blev straks grebet af de smukke lamper, der var udstillet.

Herr Jensen bemærkede Annas begejstring og begyndte at dele historier om lampernes oprindelse og historie. Han fortalte hende, at hans mest værdifulde besiddelse var en lampe, som rygtedes at have tilhørt en dansk prinsesse for mange århundreder siden. Den var blevet stjålet og skjult, og dens spor var blevet tabt i tiden.

Anna blev fascineret af denne historie og besluttede at hjælpe Herr Jensen med at finde denne forsvundne lampe. De begyndte deres søgen i byens arkiver og gamle historiske dokumenter. De fulgte spor og ledetråde fra København til de fjerne egne af Danmark, og selvom det var en besværlig opgave, blev det også en spændende rejse.

Undervejs stødte Anna og Herr Jensen på venlige og hjælpsomme mennesker, der delte deres entusiasme og ønske om at genskabe denne tabte skat. Historien om den forsvundne lampe begyndte at sprede sig, og mange i København deltog i jagten på det forsvundne lys. Det blev mere end en søgen efter en lampe; det blev en søgen efter en forbindelse til fortiden og en måde at samle byens folk.

Til sidst, efter mange måneders søgen, fandt Anna og Herr Jensen en skjult skat i et gammelt slot i det danske landskab. De havde genfundet prinsessens lampe, og det føltes som om de havde bragt noget af Københavns historie tilbage til byen.

Lampen blev renoveret og sat på udstilling i København, og folk fra nær og fjern strømmede til for at se denne historiske skat. Byens beboere følte en dyb forbindelse til fortiden og forstod, at København bar på utallige skatte og historier, der ventede på at blive opdaget.

The Light on Copenhagen's Quay

In the heart of Copenhagen, where bicycles rush along the canals and the charm of the past meets the energy of the present, lies an undiscovered treasure that brings light to the shadows of the city's bustle. Copenhagen's Quay, known for its iconic buildings and vibrant life, conceals a unique story that began many years ago.

In one of the old buildings on the quay lived a quiet and unassuming woman named Mrs. Anna Møller. She had spent her entire life in the city and loved walking along the canals, where she often noticed the small details that most passersby overlooked. Anna had a secret passion - she collected old lamps and chandeliers. Her apartment was filled with lamps of all shapes and sizes, and she loved repairing and maintaining them.

One day, while Anna was strolling along the quay, she discovered an antique lamp store that was about to close. The shop owner, an elderly man named Mr. Jensen, was tired of the business and decided to close the shop for good. Anna entered the store and was immediately captivated by the beautiful lamps on display.

Mr. Jensen noticed Anna's enthusiasm and began to share stories about the lamps' origins and history. He told her that his most valuable possession was a lamp rumored to have belonged to a Danish princess many centuries ago. It had been stolen and hidden, and its trail had been lost in time.

Anna was fascinated by this story and decided to help Mr. Jensen find this lost lamp. They began their quest in the city's archives and old historical documents. They followed leads and clues from Copenhagen to the distant regions of Denmark, and although it was a challenging task, it was also an exciting journey.

Along the way, Anna and Mr. Jensen encountered friendly and helpful people who shared their enthusiasm and desire to restore this lost treasure. The story of the missing lamp began to spread, and many in Copenhagen joined the hunt for the lost light. It became more than a search for a lamp; it became a quest to connect with the past and a way to unite the city's people.

Eventually, after many months of searching, Anna and Mr. Jensen found a hidden treasure in an old castle in the Danish countryside. They had rediscovered the princess's lamp, and it felt like they had brought a piece of Copenhagen's history back to the city.

The lamp was restored and placed on display in Copenhagen, and people from near and far flocked to see this historical treasure. The city's residents felt a deep connection to the past and understood that Copenhagen held countless treasures and stories waiting to be discovered.

Mysteriet på Tranedansvej

I den rolige københavnske forstad Dragør, hvor de brostensbelagte gader møder det blågrønne Øresund, udspillede sig et bemærkelsesværdigt mysterium, som involverede en uventet kombination af begivenheder og personer.

Tranedansvej var en af de mest idylliske gader i Dragør, med de farverige huse og klinker, der førte ned til havnen, hvor fiskerbåde gyngede med havets bølger. Det var her, vi fandt vores hovedperson, fru Ingrid Jensen. En enke, der boede i et lille, velholdt hus og elskede sin have og sine daglige gåture langs den stenede kyst.

En sommermorgen, mens Ingrid nipper til sin kaffe i haven, opdager hun noget usædvanligt ved siden af sin rosenbusk. En lille sort notesbog med et uforklarligt symbol på forsiden. Den var fyldt med tal og kryptiske beskeder, som umiddelbart ikke gav nogen mening. Ingrid, der altid har haft en nysgerrig sjæl, besluttede sig for at undersøge sagen nærmere.

Hun begyndte at notere alle de oplysninger, hun kunne finde i bogen og begyndte at undersøge symbolet, som ingen syntes at genkende. Da hun delte sin opdagelse med naboerne, viste det sig, at flere af dem også havde fundet lignende bøger med de mystiske symboler i deres haver. Rygterne spredte sig hurtigt, og snart mødtes de nysgerrige beboere på Tranedansvej for at udveksle noter og teorier.

Ingrid, der nu havde samlet en lille gruppe af naboer, besluttede sig for at opklare mysteriet. Sammen begyndte de at dechifrere de kryptiske beskeder og følge de spor, som bøgerne ledte dem på. Deres søgen førte dem fra Dragørs smalle gader til fjerne kyster og endda til det gamle Dragør Fyr, hvor de opdagede en hemmelig tunnel, som ingen havde kendt til.

Hver ledetråd bragte dem tættere på at forstå, hvad de mystiske bøger handlede om. Det viste sig, at bøgerne indeholdt en gammel historie om en gruppe sømænd, der havde besluttet sig for at skjule en uvurderlig skat i Dragør for mange generationer siden. Symbolet var en del af skattens kort, og det havde været opdelt i flere bøger for at beskytte hemmeligheden.

Mens Ingrid og hendes naboer arbejdede sammen for at løse mysteriet, voksede deres bånd stærkere. De lærte hinanden at kende på en måde, de aldrig havde gjort før, og deres fælles mål bragte dem tættere på hinanden. Dragør blev vidne til et sandt venskabseventyr, hvor naboer blev venner og fandt skatte, der ikke kun var materielle, men også i form af samhørighed og fællesskab.

Til sidst, efter mange ugers indsats, lykkedes det gruppen at finde den skjulte skat ved foden af det gamle Dragør Fyr. Det var en kiste fyldt med gamle mønter og smykker, men det værdifuldeste var båndene, der nu bandt naboerne sammen som en stærk fællesskabsfamilie.

Historien om "Mysteriet på Tranedansvej" blev kendt i hele Dragør som en historie om fællesskab, opdagelse og venskab, og den inspirerede andre til at se efter skatte i form af forbindelser med deres naboer og lokalsamfund.

The Mystery on Tranedansvej

In the peaceful Copenhagen suburb of Dragør, where cobblestone streets meet the blue-green waters of the Øresund, an extraordinary mystery unfolded, involving an unexpected combination of events and individuals.

Tranedansvej was one of the most idyllic streets in Dragør, with its colorful houses and cobblestones leading down to the harbor, where fishing boats bobbed with the rhythm of the sea. It was here that we found our main character, Mrs. Ingrid Jensen, a widow who lived in a small, well-kept house and loved her garden and her daily walks along the rocky coast.

One summer morning, while sipping her coffee in the garden, Ingrid discovered something unusual next to her rosebush. A small black notebook with an inexplicable symbol on the cover. It was filled with numbers and cryptic messages that didn't immediately make sense. Ingrid, always possessing a curious soul, decided to investigate further.

She began noting all the information she could find in the book and started researching the symbol, which nobody seemed to recognize. When she shared her discovery with the neighbors, it turned out that several of them had also found similar books with mysterious symbols in their gardens. Rumors quickly spread, and soon, the curious residents of Tranedansvej gathered to exchange notes and theories.

Ingrid, who had now gathered a small group of neighbors, decided to solve the mystery. Together, they began deciphering the cryptic messages and following the clues that the books led them on. Their search took them from Dragør's narrow streets to distant shores and even to the old Dragør Lighthouse, where they discovered a secret tunnel that no one had known about.

Each clue brought them closer to understanding what the mysterious books were about. It turned out the books contained an ancient story of a group of sailors who had decided to hide an invaluable treasure in Dragør many generations ago. The symbol was part of the treasure map, which had been divided into several books to protect the secret.

While Ingrid and her neighbors worked together to unravel the mystery, their bonds grew stronger. They got to know each other in ways they never had before, and their shared goal brought them closer to one another. Dragør witnessed a true friendship adventure, where neighbors became friends and found treasures that were not only material but also in the form of camaraderie and community.

Ultimately, after many weeks of effort, the group succeeded in finding the hidden treasure at the foot of the old Dragør Lighthouse. It was a chest filled with old coins and jewelry, but the most valuable were the ties that now bound the neighbors together as a strong community family.

The story of "The Mystery on Tranedansvej" became known throughout Dragør as a tale of community, discovery, and friendship, inspiring others to seek treasures in the form of connections with their neighbors and communities.

Cafédrømme i Smørrebrødets By

I hjertet af København, hvor farverige cykler suser gennem brostensbelagte gader og duften af nybagt smørrebrød fylder luften, udspillede sig en hjertevarm historie om venskab, kærlighed og drømme, inspireret af de små, hyggelige caféer og den københavnske livsstil.

København var kendt for sin travle atmosfære, men i en stille gade i indre by fandt vi vores hovedperson, Henrik Sørensen. Henrik drev en lille café ved navn "Smørrebrødshjørnet," der var blevet hans liv og kærlighed. Han serverede de mest velsmagende smørrebrød i byen og bryggede kaffe, der var en drøm for enhver kaffeentusiast. Men bag den velsmagende mad og duftende kaffe skjulte Henrik en længsel, der ventede på at blive opfyldt.

Henriks café havde en fast skare af kunder, der kom hver dag. Der var fru Jensen, som elskede hendes rødspættefilet med remoulade, og hr. Møller, der altid bestilte sin sorte kaffe og flæskestegssandwich. Henrik nød at betjene dem og lytte til deres små snak, men han drømte om noget mere. Han drømte om at åbne en café med en særlig magisk atmosfære, der ville bringe folk tættere sammen og dele glæden ved livet.

En dag kom en ny kunde ind i caféen, en ung kvinde ved navn Emma, der var lige flyttet til København for at forfølge sin drøm om at blive kunstner. Hun bestilte en cappuccino og begyndte at tegne i sin skitsebog. Henrik bemærkede hendes talent og inviterede hende til at udstille sine værker i caféen. Emma accepterede tilbudet taknemmeligt, og hendes farverige kunstværker gav caféen en ny energi.

Hendes udstilling blev en succes, og folk fra hele byen strømmede til "Smørrebrødshjørnet" for at beundre hendes kunst og nyde en kop kaffe eller en bid af Henrik's velsmagende smørrebrød. Caféen blev ikke kun et sted for god mad og drikke, men også et kulturelt samlingspunkt, hvor kunst og kærlighed til livet blev fejret.

Henrik og Emma blev nære venner og begyndte at dele deres drømme og håb for fremtiden. De drømte om at skabe et sted, hvor folk kunne føle sig hjemme og finde inspiration i kunst, musik og hinandens selskab. De besluttede sig for at udvide caféen og skabte "Cafédrømme" i hjertet af København.

"Cafédrømme" blev hurtigt et populært sted, hvor folk kom for at nyde livet, finde inspiration og føle sig som en del af noget større. Der blev arrangeret koncerter, poesiaftener og kunstudstillinger, og caféen blev et centrum for kreativitet og venskab. Henrik og Emma havde skabt det sted, de havde drømt om, et sted hvor cafédrømme blev til virkelighed.

Historien om "Cafédrømme i Smørrebrødets By" blev kendt i hele København som en hjertevarm fortælling om at forfølge sine drømme og finde skønheden i hverdagen. Henrik og Emma lærte, at selv i den travleste by kunne man skabe en oase af inspiration og venskab.

Café Dreams in the City of Open-Faced Sandwiches

In the heart of Copenhagen, where colorful bicycles speed through cobblestone streets and the scent of freshly made open-faced sandwiches fills the air, an endearing tale of friendship, love, and dreams unfolded, inspired by the charming cafes and the Copenhagen way of life.

Copenhagen was known for its bustling atmosphere, but on a quiet street in the city's inner heart, we found our protagonist, Henrik Sørensen. Henrik ran a small café named "Open-Faced Sandwich Corner," which had become his life and love. He served the most delicious open-faced sandwiches in the city and brewed coffee that was a dream for any coffee enthusiast. But behind the tasty food and fragrant coffee lay a longing waiting to be fulfilled.

Henrik's café had a loyal clientele who visited daily. There was Mrs. Jensen, who adored her plaice fillet with remoulade, and Mr. Møller, who always ordered his black coffee and roast pork sandwich. Henrik enjoyed serving them and listening to their small talk, but he dreamt of something more. He dreamt of opening a café with a special magical atmosphere that would bring people closer together and share the joy of life.

One day, a new customer walked into the café, a young woman named Emma who had just moved to Copenhagen to pursue her dream of becoming an artist. She ordered a cappuccino and began sketching in her sketchbook. Henrik noticed her talent and invited her to exhibit her works in the café. Emma graciously accepted the offer, and her vibrant artwork infused the café with a new energy.

Her exhibition was a success, and people from all over the city flocked to "Open-Faced Sandwich Corner" to admire her art and enjoy a cup of coffee or a bite of Henrik's delicious open-faced sandwiches. The café became not only a place for good food and drink but also a cultural hub where art and a love for life were celebrated.

Henrik and Emma became close friends and began sharing their dreams and hopes for the future. They dreamt of creating a place where people could feel at home, find inspiration in art, music, and each other's company. They decided to expand the café and created "Café Dreams" in the heart of Copenhagen.

"Café Dreams" quickly became a popular spot where people came to savor life, find inspiration, and feel like a part of something greater. Concerts, poetry nights, and art exhibitions were held, and the café became a center for creativity and friendship. Henrik and Emma had created the place they had dreamt of, a place where café dreams turned into reality.

The story of "Café Dreams in the City of Open-Faced Sandwiches" became known throughout Copenhagen as a heartwarming tale of pursuing one's dreams and finding beauty in the everyday. Henrik and Emma learned that even in the busiest city, one could create an oasis of inspiration and friendship.

De Skjulte Hemmeligheder i Nyhavn

I den charmerende og farverige Nyhavn i København, hvor de gamle bygninger spejler sig i vandet, begyndte en usædvanlig historie at udfolde sig. Det var en fortælling om skjulte hemmeligheder, uventede venskaber og et fællesskab, der voksede i skyggen af byens travlhed.

I hjertet af Nyhavn boede en enlig kvinde ved navn Elise. Elise var en pensioneret skibsmægler, der havde brugt hele sit liv ved havnen og elskede den gamle bydel. Hun boede i en charmerende lejlighed med udsigt over kanalen, og hendes hverdag bestod i at fodre de måger, der svævede over vandet, og lytte til lyden af bølgerne, der klaprede mod kajen.

Elise havde altid været nysgerrig, og hendes lejlighed var fyldt med gamle bøger og kort, som hun brugte til at studere Nyhavns historie. Hun kunne fortælle utallige historier om de gamle sømænd, der havde kastet anker i Nyhavn, og de skibsladninger, der var blevet læsset og losset her i tidens løb.

En dag, mens Elise gik langs kajen og beundrede de farverige huse, bemærkede hun noget usædvanligt. Hun så en gammel nøgle, der hang fra en af broens gelændere, og der var en besked vedhæftet. Beskeden lød: "Find mig, hvis du tør." Elise blev straks grebet af mysteriet og besluttede sig for at tage udfordringen op.

Beskeden førte hende på en opdagelsesrejse gennem Nyhavns snoede gader og skjulte hjørner. Hun fandt flere nøgler og beskeder, der førte hende dybere ind i mysteriet. Samtidig begyndte hun at møde andre mennesker, der også var blevet draget ind i mysteriet. Der var Hugo, en ung kunstner, der boede i en af de farverige huse, og Alice, en pensioneret bibliotekar med en passion for koder og gåder.

Sammen begyndte de at afdække de skjulte hemmeligheder i Nyhavn. De opdagede gamle breve og skattekort, der havde været skjult i århundreder. Mysteriet førte dem til gamle kældre og skjulte rum under de brostensbelagte gader. De fulgte ledetråde og koder, der førte dem på utallige eventyr rundt i Nyhavn.

Mens de afdækkede hemmelighederne, voksede deres venskab og fællesskab. De lærte at stole på hinanden og værdsatte det unikke i hver af deres evner og perspektiver. De delte historier og latter, og Nyhavn blev vidne til et usædvanligt fællesskab, der voksede i skyggen af de gamle huse.

Til sidst nåede de til et skjult rum under en af de gamle havnebygninger. Her fandt de en skat, der havde været forsvundet i århundreder - glemte malerier og gamle manuskripter, der kastede lys over Nyhavns historie. Mysteriet var løst, men det fællesskab, der var vokset undervejs, var det sande fund.

The Hidden Secrets of Nyhavn

In the charming and colorful Nyhavn in Copenhagen, where old buildings are reflected in the water, an extraordinary story began to unfold. It was a tale of hidden secrets, unexpected friendships, and a community that grew in the shadow of the city's hustle and bustle.

In the heart of Nyhavn lived a solitary woman named Elise. Elise was a retired ship broker who had spent her entire life by the harbor and loved the old district. She lived in a charming apartment overlooking the canal, and her daily routine consisted of feeding the seagulls that soared above the water and listening to the sound of the waves lapping against the quay.

Elise had always been curious, and her apartment was filled with old books and maps that she used to study the history of Nyhavn. She could tell countless stories about the old sailors who had dropped anchor in Nyhavn and the cargo that had been loaded and unloaded here over the years.

One day, while Elise was walking along the quay and admiring the colorful houses, she noticed something unusual. She saw an old key hanging from one of the bridge railings, and there was a message attached. The message read: "Find me if you dare." Elise was immediately captivated by the mystery and decided to take up the challenge.

The message led her on a journey of discovery through Nyhavn's winding streets and hidden corners. She found more keys and messages that took her deeper into the mystery. At the same time, she began to encounter other people who had also been drawn into the mystery. There was Hugo, a young artist who lived in one of the colorful houses, and Alice, a retired librarian with a passion for codes and puzzles.

Together, they began to uncover the hidden secrets of Nyhavn. They discovered old letters and treasure maps that had been hidden for centuries. The mystery led them to old cellars and hidden rooms beneath the cobblestone streets. They followed clues and codes that took them on countless adventures around Nyhavn.

As they uncovered the secrets, their friendship and community grew. They learned to trust each other and appreciate the uniqueness of each other's abilities and perspectives. They shared stories and laughter, and Nyhavn witnessed an extraordinary community that grew in the shadow of the old houses.

In the end, they reached a hidden room beneath one of the old harbor buildings. Here, they found a treasure that had been lost for centuries - forgotten paintings and ancient manuscripts that shed light on Nyhavn's history. The mystery was solved, but the community that had grown along the way was the true discovery.

Cirkustiden i Tivoli

I hjertet af København ligger en sand perle af underholdning og glæde - Tivoli. Denne historie begynder en sommerdag, da en særlig cirkuskomedie tog center stage i Tivoli.

Cirkusdirektøren, August Dahl, havde altid drømt om at bringe en autentisk cirkusoplevelse til Tivoli. Han var en lidenskabelig cirkusmand med en skæv humor og en kærlighed til det storslåede show. Efter mange års planlægning og forberedelse lykkedes det ham endelig at realisere sin drøm og opføre et storslået cirkustelt midt i Tivoli.

Det blev ikke et hvilket som helst cirkus. August samlede et usædvanligt hold af kunstnere og akrobater fra hele verden. Der var Colombina, den italienske line-danser, der kunne balancere på en tynd line over en pool af vand. Der var Boris, den russiske jonglør, der kunne jonglere med ild og knive som ingen anden. Og så var der Tilly, den britiske tryllekunstner, der kunne få de mest utrolige ting til at forsvinde og dukke op igen.

Cirkustiden i Tivoli begyndte med et stort brag. Folk fra nær og fjern strømmede til for at opleve det spektakulære show. August Dahl var en mester i at bygge spænding, og han introducerede hver kunstner med en særpræget blanding af humor og drama. Publikum blev tryllebundet af de utrolige præstationer, der udfoldede sig i det store telt.

Men det mest fantastiske ved Cirkustiden var ikke kun kunstnerne på scenen, det var den stemning af glæde og fællesskab, der fyldte Tivoli. Folk kom sammen for at nyde det fantastiske show, og de blev venner med dem, de delte bænken med. Latteren fyldte luften, og folk glemte deres bekymringer og stress for en stund.

August Dahl og hans cirkus var en kæmpe succes, og Cirkustiden blev en tradition i Tivoli, der blev fejret år efter år. Det blev et sted, hvor folk kunne glemme hverdagens trummerum og lade sig fortrylle af det spektakulære show og det varme fællesskab. August Dahl og hans cirkus lærte, at det største show af alle er at skabe fællesskab og glæde i hjertet af byen.

Circus Time in Tivoli

In the heart of Copenhagen lies a true gem of entertainment and joy - Tivoli. This story begins on a summer day when a special circus comedy took center stage in Tivoli.

The circus director, August Dahl, had always dreamed of bringing an authentic circus experience to Tivoli. He was a passionate circus man with a quirky sense of humor and a love for the grand show. After many years of planning and preparation, he finally succeeded in realizing his dream and setting up a magnificent circus tent in the heart of Tivoli.

It was not just any circus. August assembled an extraordinary team of artists and acrobats from around the world. There was Colombina, the Italian tightrope walker, who could balance on a thin wire over a pool of water. There was Boris, the Russian juggler, who could juggle with fire and knives like no other. And then there was Tilly, the British magician, who could make the most incredible things disappear and reappear.

Circus Time in Tivoli began with a big bang. People from near and far flocked to experience the spectacular show. August Dahl was a master of building suspense, and he introduced each artist with a distinctive blend of humor and drama. The audience was spellbound by the incredible performances that unfolded in the big tent.

But the most amazing thing about Circus Time was not just the artists on stage; it was the atmosphere of joy and community that filled Tivoli. People came together to enjoy the amazing show, and they became friends with those they shared the bench with. Laughter filled the air, and people forgot their worries and stress for a while.

August Dahl and his circus were a huge success, and Circus Time became a tradition in Tivoli, celebrated year after year. It became a place where people could forget the everyday humdrum and be enchanted by the spectacular show and the warm community. August Dahl and his circus taught that the greatest show of all is to create community and joy in the heart of the city.

En Duft af Kaffebønner og Kærlighed

I en lille kaffebutik i hjertet af København udspillede sig en hjertevarm historie om kærlighed og fællesskab. Denne historie handlede om en passioneret kafferoaster, en ung musiker og de duftende kaffebønner, der førte dem sammen.

Kaffebutikken, "Kaffekærlighed," var en skjult perle i byens larm. Her ristede og bryggede en mand ved navn Carl de mest enestående kaffer i hele København. Han brugte timer på at finde de fineste bønner og perfektionere ristningen, indtil kaffen var en sand symfoni af smag. Men trods hans passion for kaffe følte Carl sig ensom i sin lille butik.

På den anden side af gaden boede en ung kvinde ved navn Mia, en talentfuld violinist med drømme om at dele sin musik med verden. Hun øvede i timevis hver dag, men hendes musik blev kun hørt af hendes vinduer og nogle få forbipasserende. Mia drømte om at optræde og dele sin musik med et publikum, men scenen føltes langt væk.

En dag, da Mia gik forbi "Kaffekærlighed," kunne hun ikke lade være med at blive tiltrukket af den fortryllende duft af friskristet kaffe. Hun trådte ind i butikken og bestilte en cappuccino, mens hun beundrede Carl's dedikation til kaffekunsten. Carl bemærkede Mia's violinkasse og spurgte hende om hendes musik.

De begyndte at chatte, og Carl inviterede Mia til at spille sin violin i butikken en dag. Mia takkede begejstret ja til tilbuddet. Fra den dag begyndte Mias violin at fylde butikken med smuk musik, mens kunderne nød deres kaffe. Kaffe og musik blev en uadskillelig del af "Kaffekærlighed," og butikken blev et sted for både sanselige og kunstneriske oplevelser.

Carl og Mia begyndte at udvikle et nært venskab. De delte deres drømme og passioner, og Carl hjalp Mia med at arrangere koncerter i butikken. Publikum blev betaget af Mias talent, og "Kaffekærlighed" blev kendt som et sted, hvor man kunne nyde kaffe og musik i fuldkommen harmoni.

Mias musik og Carls kaffe begyndte at tiltrække opmærksomhed fra lokale medier, og snart blev "Kaffekærlighed" en destination for kaffeentusiaster og musikelskere fra hele København. Butikken var ikke længere kun en kaffebutik, den var blevet et kulturelt samlingspunkt, hvor kærlighed til kaffe og musik mødtes.

A Scent of Coffee Beans and Love

In a small coffee shop in the heart of Copenhagen, a heartwarming story of love and community unfolded. This story revolved around a passionate coffee roaster, a young musician, and the fragrant coffee beans that brought them together.

The coffee shop, "Coffee Love," was a hidden gem amidst the city's hustle and bustle. Here, a man named Carl roasted and brewed the most exceptional coffees in all of Copenhagen. He spent hours sourcing the finest beans and perfecting the roast until the coffee was a true symphony of flavors. But despite his passion for coffee, Carl felt lonely in his little shop.

Across the street, a young woman named Mia lived, a talented violinist with dreams of sharing her music with the world. She practiced for hours every day, but her music was only heard by her windows and a few passersby. Mia dreamt of performing and sharing her music with an audience, but the stage felt far away.

One day, as Mia walked past "Coffee Love," she couldn't resist being drawn to the enchanting scent of freshly roasted coffee. She stepped into the shop and ordered a cappuccino while admiring Carl's dedication to the art of coffee. Carl noticed Mia's violin case and asked her about her music.

They began to chat, and Carl invited Mia to play her violin in the shop one day. Mia enthusiastically accepted the offer. From that day on, Mia's violin filled the shop with beautiful music while customers enjoyed their coffee. Coffee and music became an inseparable part of "Coffee Love," and the shop became a place for both sensory and artistic experiences.

Carl and Mia developed a close friendship. They shared their dreams and passions, and Carl helped Mia arrange concerts in the shop. The audience was captivated by Mia's talent, and "Coffee Love" became known as a place where one could enjoy coffee and music in perfect harmony.

Mia's music and Carl's coffee began to attract attention from local media, and soon "Coffee Love" became a destination for coffee enthusiasts and music lovers from all over Copenhagen. The shop was no longer just a coffee shop; it had become a cultural gathering point where love for coffee and music converged.

Havets Hemmeligheder i Dragør

I den idylliske fiskerlandsby Dragør, hvor de gamle bindingsværkshuse spejler sig i vandet, udspillede sig en fortryllende historie om havet, skatte, og en usædvanlig venskab.

I Dragør boede en ældre fisker ved navn Lars, der havde brugt hele sit liv på havet. Han elskede at fiske og sejle, og hans ansigt bar spor fra det barske vejr og de mange eventyr på havet. Lars var kendt i hele byen for sine fiskerihistorier og sin viden om det lokale farvand.

En dag, da Lars var ude at fiske, hørte han en svag sang, der syntes at komme fra dybet af havet. Han fulgte lyden og opdagede en ung havfrue ved navn Marina. Marina var fanget i et gammelt fiskenet og var desperat efter hjælp. Lars befriede hende og tog hende med til sin båd, hvor han plejede hendes sår og gav hende noget mad.

Marina fortalte Lars om hendes hjem under havets overflade og om de skatte, der var gemt der. Hun bad om hans hjælp til at beskytte og genoprette havets skatte, der var ved at blive truet af forurening og ødelæggelse. Lars gik med til at hjælpe, og de to skabte en usædvanlig alliance mellem mennesket og havet.

Sammen arbejdede de på at rense havet og beskytte dets beboere. De opdagede skjulte koraller og farverige fisk, og de delte historier om havets mysterier med beboerne i Dragør. Snart blev hele byen engageret i at bevare havets skatte, og det blev et fællesskabsprojekt, der forenede folk fra alle livets områder.

Lars og Marina's venskab voksede, og de begyndte at dele hemmeligheder fra både land og hav. Marina lærte Lars om havets magi og dets dyrebare skatte, og Lars lærte Marina om menneskenes verden og deres kærlighed til havet.

Historien om "Havets Hemmeligheder i Dragør" blev kendt i hele byen som en hjertevarm fortælling om samarbejde mellem mennesker og naturen og om det usædvanlige venskab mellem Lars og Marina. De lærte, at når mennesker og havet arbejder sammen, kan de opnå mirakler.

The Secrets of the Sea in Dragør

In the idyllic fishing village of Dragør, where old timber-framed houses are reflected in the water, an enchanting story of the sea, treasures, and an extraordinary friendship unfolded.

In Dragør lived an elderly fisherman named Lars, who had spent his entire life at sea. He loved fishing and sailing, and his face bore the marks of the harsh weather and the many adventures on the sea. Lars was known throughout the town for his fishing stories and his knowledge of the local waters.

One day, while Lars was out fishing, he heard a faint song that seemed to come from the depths of the sea. He followed the sound and discovered a young mermaid named Marina. Marina was trapped in an old fishing net and was desperate for help. Lars freed her and took her to his boat, where he tended to her wounds and gave her some food.

Marina told Lars about her home beneath the sea's surface and the treasures hidden there. She asked for his help in protecting and restoring the sea's treasures, which were being threatened by pollution and destruction. Lars agreed to help, and the two forged an extraordinary alliance between humans and the sea.

Together, they worked to clean the sea and protect its inhabitants. They discovered hidden coral reefs and colorful fish, and they shared stories of the sea's mysteries with the residents of Dragør. Soon, the whole town became engaged in preserving the sea's treasures, and it became a community project that united people from all walks of life.

Lars and Marina's friendship grew, and they began to share secrets from both the land and the sea. Marina taught Lars about the magic of the sea and its precious treasures, and Lars taught Marina about the human world and their love for the sea.

The story of "The Secrets of the Sea in Dragør" became known throughout the town as a heartwarming tale of cooperation between humans and nature and of the extraordinary friendship between Lars and Marina. They learned that when humans and the sea work together, they can achieve miracles.

Skyggespindets Magi

I en fortryllende skov, hvor træernes grene viklede sig om hinanden som knudrede fingre, boede en ung skovvæsen ved navn Elara. Elara var en mester i at spinde de fineste tråde fra de skinnende spindelvæv, der fyldte skoven som sølvtråde i morgenduggen.

Elara var fascineret af de magiske spindelvæv, der strakte sig mellem træerne som broer mellem verdener. Hun brugte sin kunst til at skabe intrikate mønstre og fange de første solstråler om morgenen. Hendes skaberværk fyldte skoven med glimmer og skabte stier for de nysgerrige sjæle, der turde følge dem.

Men en dag, da Elara udforskede de dybere dele af skoven, opdagede hun en gammel, forladt hytte skjult i skyggerne. Da hun trådte ind i hytten, fandt hun en kiste, der indeholdt en magisk tråd, der skinnede som stjernerne på himlen. Tråden var indhyllet i en tåge af hemmeligheder og magi, og Elara kunne ikke modstå fristelsen til at bruge den i sit spind.

Da hun begyndte at bruge den magiske tråd, blev hendes spindelvæv mere fortryllende end nogensinde før. Men tråden havde også sin pris. Den begyndte at suge hendes egne drømme og minder ind i det, hun skabte. Elara begyndte at glemme, hvem hun var, og hendes skov begyndte at miste sin sjæl.

En gammel vis mand ved navn Lorian, der havde vandret gennem skoven i årtier, opdagede det skæbnesvangre valg, som

Elara havde truffet. Han hjalp hende med at forstå, at den sande magi ikke lå i tråden, men i hendes egne drømme og minder. Sammen skabte de en modgift til tråden og brugte den til at bryde dens fortryllelse.

Med trådens magi bortskaffet vendte skoven tilbage til sin oprindelige pragt, og Elara lærte, at ægte magi lå i at værdsætte det, man allerede havde, og i at dele sin kunst med andre. Hun fortsatte med at spinde skinnende spindelvæv, der fyldte skoven med lys og glæde, og hendes værker blev kendt i hele skovens verden.

The Magic of Shadow Webs

In an enchanting forest, where the branches of the trees intertwined like gnarled fingers, lived a young forest creature named Elara. Elara was a master at spinning the finest threads from the shining cobwebs that filled the forest like silver threads in the morning dew.

Elara was fascinated by the magical cobwebs that stretched between the trees like bridges between worlds. She used her art to create intricate patterns and capture the first rays of the morning sun. Her creations filled the forest with shimmer and created paths for the curious souls who dared to follow them.

But one day, as Elara explored the deeper parts of the forest, she discovered an old, abandoned cottage hidden in the shadows. When she entered the cottage, she found a chest that contained a magical thread that shone like the stars in the sky. The thread was shrouded in a mist of secrets and magic, and Elara could not resist the temptation to use it in her weaving.

As she began to use the magical thread, her cobwebs became more enchanting than ever. But the thread came at a price. It began to suck her own dreams and memories into what she created. Elara started to forget who she was, and her forest began to lose its soul.

An old, wise man named Lorian, who had wandered through the forest for decades, discovered the fateful choice Elara had made. He helped her understand that true magic did not lie in the thread but in her own dreams and memories. Together, they created an antidote for the thread and used it to break its enchantment.

With the thread's magic dispelled, the forest returned to its original splendor, and Elara learned that real magic lay in appreciating what one already had and in sharing her art with others. She continued to spin shining cobwebs that filled the forest with light and joy, and her works became known throughout the forest world.

Drømmenes Væver i Skovlund

Dybt inde i Skovlund, hvor træerne hviskede hemmeligheder til hinanden, levede en gammel væver ved navn Amalie. Hun var kendt i hele landsbyen for sine vidunderlige tæpper og broderier, der var som portaler til magiske verdener.

Amalie var født med en sjælden gave. Hun kunne indfange drømme og fortællinger fra natten og væve dem ind i sine tæpper. Hver nat drømte hun om de mest fortryllende eventyr, og om morgenen gik hun til sit væveværksted for at omsætte drømmene til vævede skatte.

Men en dag, da en fremmed kunsthandler ved navn Victor besøgte Skovlund, blev han betaget af Amalies tæpper og hendes evne til at indfange drømme. Han overtalte hende til at sælge sine tæpper på et stort marked i den fjerne by. Victor lovede hende rigdom og berømmelse og påstod, at hun ville blive kendt i hele verden.

Amalie tøvede, men hun drømte også om at dele sine værker med en større publikum. Hun besluttede at tage med Victor til byen, men det skulle vise sig at være en skæbnesvanger beslutning.

I byen blev Amalie hurtigt fanget i en verden af støj og travlhed. Hun begyndte at væve tæpper i en febrilsk fart for at opfylde efterspørgslen fra de krævende kunder. Hun havde ikke tid til at drømme, og hendes tæpper mistede deres magiske kvaliteter. Amalie blev rig, men hendes sjæl blev fattig.

En nat, da hun gik i seng udmattet og drømmeløs, besøgte en mystisk skikkelse hende i hendes drømme. Det var en væver fra en fjern tid, der viste hende værdien af at forfølge sine egne drømme og skabe kunst fra hjertet. Amalie vågnede med tårer i øjnene og besluttede at forlade Victor og vende tilbage til Skovlund.

Da hun kom tilbage til sin elskede skov, fandt hun sin kreativitet og magi igen. Hun begyndte at væve tæpper, der rummede drømmenes fortryllelse og naturens skønhed. Landsbyen fejrede hendes genkomst, og hendes tæpper blev kendt for deres magi.

Amalie lærte, at den sande skat lå i at skabe kunst fra sjælen og dele den med dem, der værdsatte den.

The Weaver of Dreams in Forest Grove

Deep within Forest Grove, where the trees whispered secrets to each other, lived an elderly weaver named Amalie. She was known throughout the village for her marvelous tapestries and embroideries, which were like portals to magical worlds.

Amalie was born with a rare gift. She could capture dreams and stories from the night and weave them into her tapestries. Every night, she dreamt of the most enchanting adventures, and in the morning, she went to her weaving studio to turn her dreams into woven treasures.

But one day, a stranger and art dealer named Victor visited Forest Grove and became enchanted by Amalie's tapestries and her ability to capture dreams. He convinced her to sell her tapestries at a grand market in a distant city. Victor promised her wealth and fame, claiming that she would become known worldwide.

Amalie hesitated, but she also dreamed of sharing her works with a larger audience. She decided to accompany Victor to the city, but it would prove to be a fateful decision.

In the city, Amalie quickly became ensnared in a world of noise and busyness. She started weaving tapestries at a frantic pace to meet the demands of demanding customers. She had no time to dream, and her tapestries lost their magical qualities. Amalie became rich, but her soul became poor.

One night, as she went to bed exhausted and dreamless, a mysterious figure visited her in her dreams. It was a weaver from a distant time, who showed her the value of pursuing her own dreams and creating art from the heart. Amalie woke up with tears in her eyes and decided to leave Victor and return to Forest Grove.

Upon her return to her beloved forest, she rediscovered her creativity and magic. She began weaving tapestries that held the enchantment of dreams and the beauty of nature. The village celebrated her homecoming, and her tapestries became known for their magic.

Amalie learned that the true treasure lay in creating art from the soul and sharing it with those who appreciated it.

Skattene fra Den Glemte Dal

Langt inde i de danske skove, hvor sollyset kun sjældent brød igennem de tætte trækroner, lå Den Glemte Dal. En afsidesliggende dal, glemt af tiden og skjult for de flestes blikke. Her udspillede sig en eventyrlig historie om opdagelse, skatte og uventede venskaber.

Valdemar, en ung arkeolog med en passion for fortiden, havde altid drømt om at finde skjulte skatte og grave sig ned i historiens hemmeligheder. En dag, mens han studerede gamle kort og dokumenter, stødte han på en reference til Den Glemte Dal. Et sted, hvor der angiveligt var begravet skatte fra en svunden tid.

Udstyret med en gammel skovriderhjelm og en lommelygte begav Valdemar sig ud på en ekspedition ind i de tætte skove for at finde dalen. Efter dage med søgen fandt han endelig dalen, skjult bag tætte buske og forvoksede træer. Dalen var smuk og uberørt, som om tiden havde stået stille i århundreder.

I dalen mødte Valdemar en uventet ven, en lille skovvæsen ved navn Freja. Freja var vagtsom over for fremmede, men hun kunne mærke Valdemars kærlighed til naturen og historien. Sammen begyndte de at udforske dalen og opdagede gamle ruiner, skjulte skatte og hemmeligheder fra fortiden.

I hjertet af dalen fandt de en gammel skattekiste, fyldt med perler, mønter og smykker fra en svunden tid. Valdemar og Freja lærte, at skatten ikke kun bestod af ædelmetaller og ædelstene, men også af venskab og kærlighed til historien og naturen.

Historien om "Skattene fra Den Glemte Dal" blev kendt som en hjertevarm fortælling om at følge sin passion, finde uventede skatte og opdage venskab på de mest uventede steder. Valdemar og Freja lærte, at skatte kan være meget mere end materielle værdier.

Sådan endte historien om "Skattene fra Den Glemte Dal" - en fortælling om opdagelse, skatte og venskab.

The Treasures of the Forgotten Valley

Deep within the Danish forests, where sunlight rarely pierced through the dense treetops, lay the Forgotten Valley. It was a remote valley, lost in time and hidden from most people's view. Here, an enchanting tale of discovery, treasures, and unexpected friendships unfolded.

Valdemar, a young archaeologist with a passion for the past, had always dreamed of finding hidden treasures and delving into the secrets of history. One day, while studying old maps and documents, he came across a reference to the Forgotten Valley. It was a place where treasures from a bygone era were rumored to be buried.

Equipped with an old forest ranger's helmet and a flashlight, Valdemar embarked on an expedition into the dense forests to find the valley. After days of searching, he finally stumbled upon the valley, hidden behind thick bushes and overgrown trees. The valley was beautiful and untouched, as if time had stood still for centuries.

In the valley, Valdemar encountered an unexpected friend, a little forest creature named Freja. Freja was wary of strangers, but she could sense Valdemar's love for nature and history. Together, they began to explore the valley and discovered ancient ruins, hidden treasures, and secrets from the past.

At the heart of the valley, they found an old treasure chest filled with pearls, coins, and jewelry from a bygone era. Valdemar and Freja learned that the treasure was not only made of precious metals and gemstones but also of friendship and love for history and nature.

The story of "The Treasures of the Forgotten Valley" became known as a heartwarming tale of following one's passion, finding unexpected treasures, and discovering friendship in the most unexpected places. Valdemar and Freja learned that treasures can be much more than material wealth.

That's how the story of "The Treasures of the Forgotten Valley" ended - a tale of discovery, treasures, and friendship.